AF599387

DÍAS SIGUIENTES

Jaime Campillos

Aliarediciones

Corrección: Eladia Guerrero
Fotografía de cubierta: Arseniy Kotov
@northern.friend
Maquetación: Aliar Ediciones

Depósito Legal: GR 1646-2024
ISBN: 979-13-87590-05-5

Impreso en España

Edita
ALIAR Ediciones
www.aliarediciones.es
info@aliarediciones.es

DÍAS SIGUIENTES

Jaime Campillos

Hacerse viejo es perderlo todo.

Donald Hall

Io che qui sto morendo e tu che mangi il gelato.

Lucio Dalla

SEGUNDO BIG BANG

Dormir tendidos bocarriba aumenta el hambre,
en una erosión que se nos cae encima.
Has dejado la lencería en el cesto de la ropa sucia
con la compostura de quien espera
en el andén de una estación cerrada.
Entiendo tu soledad de entonces,
las noches de piernas cruzadas
y tus muertes por fuego amigo.

Es cierto que desde hace horas
detienes la hemorragia poniendo la boca en la herida.
Vas perdiendo calidez.
Tal vez sepas que tus pendientes combinan
con un luto que todavía no conoces
y sueles ver tu reflejo aplastado
por la luz quirúrgica del baño
a partir de las doce.
Espera a mañana para darme la mano
y reanudar la marcha a pesar de los nubarrones,
hoy he seguido apilando las sobras de los platos,
el mundo de por sí ya es avaro
y les toma el pulso a los niños
para obligarlos a saltar del nido.

Mejor eso que pasar nuestra vida
mirando el reloj cada quince minutos,
mordiéndonos las uñas,
a la espera de un segundo Big Bang
que haga desaparecer de mis labios
tu regusto a angostura.

HABITACIÓN

Nuestros ojos se van acostumbrando
a que la habitación esté siempre oscura.
Aquí en tu cama el mundo es tan pequeño
que parece que no puede pasar nada más.
Me prometes que este invierno
no va a durar más de diez segundos.
Después de todo, vivimos en el último bloque
ubicado en una ciudad sin nieve.
Vamos a hacernos compañía
mientras nos convertimos en la primera generación
que vivirá peor que sus padres.
Prométeme que pasaremos entonces
los años en este entretiempo
y que haremos juramentos para suicidarnos juntos
cuando las cosas nos salgan mal.

PLAN DE NOCHE

Te leeré desnudo,
haciendo que las palabras
tengan un sentido primigenio,
escasas y simples.
Sin electricidad ni gas
en todo el edificio,
olvidados de todo como un objeto
que se mete en el bolsillo del abrigo.
Sé que no me querrás para siempre,
pero en este momento
en el que me dispongo a sobrevivirte,
leemos poemas de despedida
con los bordes amarillos.

CONTRAINTELIGENCIA

Si alguna vez vinieran los agentes del KGB
a apuntarnos con un arma en la cabeza
diremos que han tardado mucho en encontrarnos,

diremos que apunten bien,
que no hagan mucho ruido
para no molestar a los vecinos,

diremos que lo recojan todo a la salida
e incluso podremos estar agradecidos
por saber que después de todo
te amaré una vez muerta.

PERESTROIKA

Vienes a mí aun sabiendo que te espero en las esquinas para asaltarte.
No quedan sino cráteres y gente en silencio por las calles.
Fue al final de la noche cuando ya no hubo nada nuestro,
recibimos calor de las hogueras que se hacen con los neumáticos
de los coches del vecindario.

Cada ciudad se convierte en un lugar al que llegar tarde,
en los altavoces un burócrata nos recuerda la hora del toque de queda.
Acaso esta lluvia nos incita a lavarnos la cara con el fango
cuando tú me dices que abandonemos la cola donde reparten comida
y renunciemos por completo a los días más fértiles,
que falsifiquemos los pasaportes y vivamos como perseguidos
esperando ser las víctimas de un ajuste de cuentas.

REFUGIO

Quiero que toda mi persona te pertenezca
antes de que el sol explote en cinco billones de años.
Yo te dejaré las puertas de mis órganos abiertas
para que entres a resguardarte del viento
y perdamos el invierno nuclear consolándonos.
Hay lugares de los que conviene alejarse
siempre que nos olvidemos bien de quiénes somos,
aunque dentro de Berlín Este es donde te reconozco.
Incluso te señalaré en medio de la noche
cuando las bombas atómicas nos alcancen.
Así darás luz a la parte mía que solo envejece.

REENCARNACIÓN

Pertenecemos a una especie extinta
de la que no somos más

que supervivientes y migajas,

hijos de gente en estado de sitio
que se deja erosionar como si la vida
pudiera repetirse.

INTRAMUROS

Llevarte derramada de boca en boca
como una mala noticia.
Aquello que tuve se erizaba al tacto
bajo los edredones.
Lo demás fue una mujer emparedada
que se convirtió en azar
o simplemente en inercia,
la esperanza de dejar
mejor huella que un carmín,
puesta en un florero en el salón
a la vista de todos.

EL DÍA SIGUIENTE

Este es el día siguiente,
cuando no hay más que decir
y, en tres o cuatro segundos de torpeza,
nos convertimos en extraños.
Son los alrededores vulgares y corrientes de nuestra vida
quienes nos han traído hasta aquí
para arrancarnos mutuamente el alma
y echársela a los perros.

Por eso entre nosotros
hay un mundo que se está encogiendo
ennegrecido como las venas de un anciano.
Todos los males han llegado a parecerse alguna vez
y nunca los hemos combatido.
Mientras tanto solo podemos aspirar
a tener un final trágico y predecible
que habremos de llamar de alguna manera
antes de que se nos atore en la garganta
y terminemos por coincidir en que
nunca hubo, en realidad, un enemigo.

POSTPUNK

Echo de menos tu voz a través de una *hotline*,
el colirio para fingir el llanto
y tu silueta pintada con tiza blanca sobre el asfalto.
Es igual que imaginar que alguien te abraza
en medio de un país postsoviético
esperando una revolución.
Pero bostezo siempre que vuelvo
a casa en el transporte público
sabiendo que mis hombros
están llenos de crímenes pasionales.
De qué sirve rebelarse si ya te traigo
flores robadas de otra tumba.

FUGA

He llorado sobre tu cadáver
con signos de asfixia en el cuello.
Voy a deshacerme de ti cuando se derrita la nieve
y la tierra no esté tan dura.
El sol del mediodía nos ha recordado
que venimos de otra estación.
De momento, solo puedo irme muy lejos,
huir por la escalera de incendios
y escapar de la Interpol
llevando en una bolsa los días que me diste.

PIOLET

No fingiré mi muerte como Trotski.
Es una gran verdad que uno
siempre se equivoca al morir
antes que los demás.
Ya que mi mundo debe proseguir
es mejor que disimule un poco
y pese a que tengo el aspecto desilusionado
de un peso pesado
que ha perdido el título mundial
prometo no volver a caminar por un campo de explosivos
sin mirar bien por dónde piso.

VIET CONG

Donde está mi cuerpo antes hubo otro,
otro decapitado en alta noche
y unos labios calcinados por el napalm.
Ya ha comenzado a devorarme
esta mañana recién parida
anunciando lo lejos que queda comenzar de cero.

Es entonces cuando me doy cuenta
de que no reconozco mi letra al escribirte
y de que pronto apareceré en una lista de desaparecidos
con el vientre hinchado como un ahogado.
Tan repentina es la intimidad
mientras uno se va petrificando lentamente
y sabe que no queda nadie a quien llamar héroe

que ojalá reconocieras que yo siempre estuve afuera
esperando mi turno para ser acribillado.

PACTO DE VARSOVIA

En este tiovivo que es la vida
te encuentro en cada vuelta
esperando a que me baje.

Aunque nuestro pelo cambie de color
espero seguir teniendo cara de niño
y los dedos igual de firmes
para darte la mano cuando
nos toque pasear por este país en guerra.

Aquí es cierto que somos lo inmediato.
Podríamos construir nuestra casa
sobre la hierba pisada
en una llanura sin restos de trinchera.
En las puntas de tus dedos,
un día de verano no se acaba nunca.

EL FIN DE OCCIDENTE

Acaso el problema fue
no saber bien dónde huir.
En todos los escondites nos conocen.
Tenemos recuerdos lejanos como los sioux
donde rompemos el cristal en caso de emergencia
y nos negamos a vivir el sueño americano.
Mientras Occidente se desmorona te digo
que no pasaremos ni hambre ni frío,
iremos siempre en manga corta
y jamás tiritaremos.
Saldremos en batida a cazar
y nos alimentaremos de los desperdicios de la raza del hombre
hasta que un día nos extingamos del todo
y encuentren nuestros huesos
siendo rebañados por las bestias.

DERROCARTE

En cada bocacalle
pienso en tu abolición,
en tirar tus estatuas,
en la limosna que me ofreces
y en el sabor a óxido.
No importa lo que ocurra
dentro de una hora,
ni siquiera es importante
si los tanques toman las plazas o no.
Simplemente este no es nuestro sitio.
Ya sabes que cargaría contigo
hasta que el peso me estropeara la espalda.
El otoño está muy avanzado, querida,
para inmolarnos como un kamikaze.

FUTURO

Mañana no habrá nadie por la calle
para regarnos las plantas
cuando nos vayamos de viaje.
De niño me dijeron que el futuro consistía
en coches voladores y en cohetes a Marte
pero no es más que un par de pies
encima de la mesa al volver del trabajo.

Tú en cambio siempre has tenido miedo
de que la tierra te tragase de repente
y te llevara toda la eternidad en su estómago.
Apagaremos los fuegos con los pies descalzos
y volveremos a notar el olor a pólvora
cuando nos peguen en las costillas
para ver de qué estamos hechos.
Ya está bien de preguntarse
adónde irá a parar el mundo
cuando nuestros ojos se vacíen
como una piscina en invierno.

GAGARIN

Quisiera estar justo en el lado de ti,
donde se crea una órbita que me arrastra.
Hemos pasado a oscuras demasiado tiempo
ignorando que el universo puede entrar
por el hueco donde antes había una escotilla.
Para hablar de la luz no hace falta
que protejamos nuestra piel de las quemaduras,
solo fijar el rumbo hacia una estrella distante.
Lo cierto es que más allá de los *sputniks* está el mal que te devasta.
De modo que cuando colonicemos nuestro mundo hecho a medida
nos tocaremos con la rabia de quien se palpa un órgano fantasma
alegando que mañana no tendré cómo volver a casa
porque a bordo de ti la muerte se renueva
y existe un sol que nunca termina de ponerse.

VENTIPOCOS AÑOS

Oigo la débil respiración de alguien durmiendo.
Este silencio es para nosotros.
Tu imagen vista desde atrás no deja que me rinda.
Estoy justo donde me dejaste cuando cerraste los ojos.

Te silbo en la espalda.
Si te lo propones, podrás deshacer
el polvo que se acumula en mi cuerpo.
Mientras, acurrucado, mudo la piel sobre ti.

Estoy seguro de que los cazas cruzan ahora la noche.
Si nadie viene a despertarnos,
desapareceremos como las palomas de un truco de magia.
Lo que hubo antes de nosotros nadie lo sabe.
Pongamos remedio a que no haya nada que nos pertenezca.
Deja que te muestre de qué color es abril
a primera hora de la mañana.

No quiero volver a verte de lejos.

Qué importa que la fuerza que nos mueve sea tuya o mía
para que nos miremos siempre de la misma forma.

En mí tienes a uno de los tuyos,
a alguien con quien salir adelante.

ESTAR EN OTRA PARTE

Debería importarme
que nunca vayas a saltar
de un transiberiano en marcha por mí.
Pero siento el vivo deseo
de querer estar donde la vida ocurre,
en otra parte.
Apenas empieza la temporada
en la que la lluvia se precipita sobre nosotros
cuando agarras mi brazo
y se deja caer
como un alambre de espino.

RASKÓLNIKOV

Nada sino un cuerpo
en la desembocadura de un río.
Duermo adrede en
una mala postura
mientras el siglo XXI emigra.
Hubiera sido un turista desaparecido
durante las vacaciones en la costa,
agua estancada para retenerte
en el fondo.

CHERNÓBIL

Después de la explosión nuclear
este cielo seguirá siendo nuestro.
Cuando te despiertes cada mañana
y no recuerdes nada disponte a darme la mano
para buscar de nuevo el norte.
Nos quedaremos aquí con todo lo que somos
mientras parpadeamos distinto,
nos afecta la radiación,
y nuestros hijos nos preguntan
por qué nunca hemos llegado a desarrollar alas.

SEÚL

Diez mil kilómetros son
quince horas y media de vuelo.
Nuestro país se va quedando pequeño.

Uno hubiera querido estar allí, al otro lado del embarque,
en la terminal de llegada mirando las pantallas,
esperándote, sosteniendo un cartel con tu nombre
para cogerte las maletas y preguntarte qué tal el viaje.

De nosotros depende que todo este tiempo
se pudra como lo hacen los armisticios.
Espero entonces a las brigadas de Pyongyang
invadiendo el sur para detener el síndrome de la clase turista
que sufro desde que te fuiste.

MATRIOSHKA

De repente te ponen la camisa de fuerza,
te cogen la cabeza, te abren los párpados
y te obligan a mirar cómo vierten ácido
sobre las carreras de tus medias.
En el *rigor mortis* todavía te espero,
te lamo las costras, acaricio tu pómulo
y el hueso que tienes debajo.

PRONTO ME IRÉ

Pronto me iré.
Hoy es uno de esos días
en los que no sé si aún preguntas por mí.
Me mirabas tratando de equivocarte,
tomando distancia.

Absurdamente pienso en ti como en un lugar de paso
que probablemente deba dejar pronto.
Quisiera dormirme de repente
y despertar mañana con el sol entrando oblicuo
por la ventana y la casa llena de humedades,
para entonces ya no importará que muera o sobreviva,
solo que jamás volverás a verme así de flaco.

Las cosas cambian, siguen su curso y fluyen,
y aunque se hagan carne, se terminan pudriendo.

Casi todo cae en el olvido,
incluidas las canciones de cuna
y todo aquello que alguna vez quisiste oír de mi boca.

RESBALAR EN LA BAÑERA

Hemos seguido siendo los mismos
aunque se nos haya ido la juventud
al llevárnosla a la boca.

El hecho de seguir existiendo
implica recordar a oscuras, en silencio,
que puedo resbalar en la bañera
y nunca sabrías qué fue de mí.

Te di nombre propio
para no recorrer luego los pasillos
asustándome de tu sombra.
Solo estamos de paso
pero caminamos con la mano
puesta en la yugular
conteniendo la hemorragia.

En cualquier caso
olvidarte es dejar la llave en el buzón
y marcharse,
un instante de usar y tirar
que alguien se guarda en el bolsillo trasero,

el cruce de una calle donde el tráfico avanza
y nosotros caminamos sin mirar a ninguna parte.

VEINTE O CIEN

Y qué más da llegar a tener veinte años o cien
si nunca vamos a acelerar nuestro coche
hasta salirnos del muelle.

Llegué a reconocerte en medio
de las tormentas solares.

Pero solo fue un instante y luego, otro.

De donde yo vengo la línea es muy delgada,
se ayuda a la derrota
y no habrás de volver la vista hacia atrás
para comprobar si de verdad me desvanecí
al doblar la primera esquina.

Ya te dije que si hoy no iba a ser mejor persona
es porque el hombre que siempre quise ser
nunca hizo prisioneros.

YO SÉ

Yo sé que de momento
todo está en suspenso,
no rebobinarte es ser capaz de inventarme
tu rostro durante el combate
y hacerte de pararrayos
una noche de tormenta.
Todo lo que pasa sin ti lo olvido.
Mirándote de frente
te digo que eres una espera.
Tendrás que irte,
entre una y otra aún ocurre mi vida.

CAMBIAR LAS BOMBILLAS

No podemos cambiar el mundo
como se cambiaría una vieja bombilla.
Ni siquiera podemos correr detrás de nuestra infancia
sin que nos duelan las piernas
y cambiarla por un filamento nuevo.

Algunos lunes la casa
nos ha parecido una estepa.
De nada sirve que hablemos solos
si tartamudeamos en cada sílaba
y nuestros corazones
son la cal de una fosa común.

Aún seguimos observándonos
con la mirada fija de una Excálibur
a la espera de su Arturo
sin saber
si alguna vez compartiremos
algo a nuestro nombre.

SEPTIEMBRE

Hubo un tiempo en el que compartir
el cansancio del otro podría haber sido visto
como un acto de redención.
Hubiera preferido tu forma en el sofá,
que el pavimento entre nosotros
finalmente se achicara.
Pero no es tan sencillo agradecer
que haya vaho en los cristales.
Comenzamos el descenso.
Siente como después de proclamar tu tierra
hay gente ofreciéndote sus heridas.

CRISIS DE LOS MISILES

A ti y a mí
quizás nos hubiera bastado
con poner cara de valiente
cada vez que nos parecíamos más
el uno al otro
o habernos querido con más compromiso.
Pero es peor tener una cicatriz
que no puedes disimular con maquillaje.
Los ojos nativos de esta simulación
y lo que se queda en el lenguaje.
Perder el tiempo o desviarlo,
apagar demasiado la luz
antes de comenzar una cuenta atrás
de diez a cero
y autodestruirnos con misiles de corto alcance.

ENSUCIAR EL CIELO

Termina el día y el cielo se ensucia.
Esta noche vengo a decírtelo todo por primera vez.
Tienes la mirada de un fin del mundo
que llega conteniendo el aliento.
Sé que hemos pasado nuestra vida estacionados,
observando otro mañana
en lugar de experimentarlo por nosotros mismos.
Por el momento seamos jóvenes y crueles,
más abajo las personas nos siguen pareciendo pequeñas
perdiendo el rostro de tanto madrugar a cambio de nada.
Tan solo es cierto que me traes al presente,
con todas las luces del pasillo encendidas,
a salvo de este frío
y de las fotografías de antes de que me hicieras falta
y amaneciera.

EXPATRIA

Pensamos mucho en las afueras.
Los moteles de carretera,
registrarnos con otro nombre.

En medio de los regímenes caídos
siempre existe algo de ternura.

Atravesamos las fronteras.
La línea del horizonte se curva,
la llevamos por dentro
con nuestra foto policial
de portada en los periódicos.

VALS PARA IRENE

Cada vez que nos decimos adiós
hay nieve en casa
y yo tengo que encontrarte.
Allí dentro hay un territorio
en estado terminal
que te entrego.

Haz que las catástrofes dejen de parecerse.
Estoy dispuesto a todo,
incluso a dejar que me tortures
usando tus labios contra mí.

Alguna vez fuimos nuestro propio lugar al que acudir.
Por eso solo te pido que sigamos siendo
los copilotos el uno del otro y que nos guiemos a través del desencanto,
que caminemos sin zapatos por los descampados
y nos colemos en las ruinas de una urbanización de madrugada.

Así que mete los recuerdos debajo de la alfombra
y mudémonos de ciudad.
En realidad, el paisaje que vemos es el mismo
y está igual de roto,
el resto se le van pareciendo
a medida que frecuentan los parques
donde tú y yo acudíamos.

Al menos dime que estaremos juntos en todas partes,
huiremos a menudo
y me servirás de apoyo cuando vaya a desmoronarme.
En ese momento dime hacia dónde miraremos.
No tengo otro cielo que tú.

Índice

Este libro se terminó de editar en Granada
en noviembre de 2024 por

Aliarediciones

www.aliarediciones.es
info@aliarediciones.es